Table des matières

Try to read the question and choose an answer on your own.

You might want some help with text like this.

Qui est-ce?

a	le père de David Beckham
b	la grand-mère de Bart Simpson
c	la mère de Daniel Radcliffe
d	la soeur de Wayne Rooney

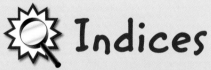 **Indices**

1. La personne célèbre est un acteur.
2. Son rôle le plus connu: Harry Potter.

Réponse

c la mère de Daniel Radcliffe

Daniel Radcliffe

- Né: le 23 juillet 1989

- Taille: 1m 70

- Famille: fils unique

- Connu comme: acteur (Harry Potter)

- Fait intéressant: l'adolescent le plus riche au Royaume-Uni

Qui est-ce?

a le frère de Andy Murray

b l'oncle de Madonna

c le grand-père de Robbie Williams

d le père du Prince William

 Indices

1. La personne célèbre est un joueur de tennis.
2. Il est écossais.

Réponse

a le frère de Andy Murray

Andy Murray

- Né: le 15 mai 1987

- Taille: 1m 87

- Famille: un frère

- Connu comme: joueur de tennis écossais

- Fait intéressant: son sport préféré: la boxe

Qui est-ce?

a	le grand-père de Winston Churchill

b	la tante du Prince Charles

c	la soeur de Cat Deeley

d	la grand-mère du Prince William

 Indices

1. Le Prince Charles est le père de cette personne célèbre.

2. Le frère de cette personne célèbre s'appelle Harry.

Réponse

d la grand-mère du Prince William

Le Prince William

- Né: le 21 juin 1982

- Taille: 1m 90

- Famille: un frère

- Connu comme: le futur roi du Royaume-Uni

- Fait intéressant: il soutient Aston Villa.

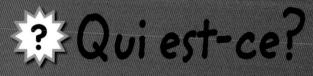

a	le frère de Eddie Murphy
b	la mère de Johnny Depp
c	la tante de Elvis Presley
d	la soeur de Kylie Minogue

 Indices

1. La personne dans l'image s'appelle Danni.
2. La personne célèbre est une chanteuse australienne.

Réponse

d la soeur de Kylie Minogue

Kylie Minogue

- Née: le 28 mai 1968

- Taille: 1m 52

- Famille: une soeur, un frère

- Connue comme: chanteuse

- Fait intéressant: elle était actrice (séries de télévision australiens, par exemple, *Neighbours*)

Qui est-ce?

a la mère de David Tennant

b le père de Billie Piper

c le frère de Britney Spears

d l'oncle de Tom Cruise

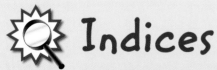 Indices

1. La personne célèbre est une actrice.
2. Son rôle le plus connu: Rose Tyler dans *Dr Who*.

Réponse

b le père de Billie Piper

Billie Piper

- Née: le 22 septembre 1982

- Taille: 1m 65

- Famille: un frère, deux soeurs

- Connue comme: actrice (Rose Tyler, dans *Dr Who*)

- Fait intéressant: en 1998, sa chanson *Because we want to* était numéro 1 (au hit-parade)

Vocabulaire